つながりのちから

ホリスティックことはじめ

日本ホリスティック教育協会

金 香百合　西田千寿子　友村さおり 編

せせらぎ出版

はじめに

この本を手にとってくださって、ありがとう！

ここには、元気で、幸せに生きるための、ものの見方、考え方、行動のヒントが書かれています。

あなたは、もともと、とってもとってもステキです。
そして、元気で、幸せに生きていくための“力”も、自分のなかにもっています。

ところが、毎日の暮らしのなかでは、ささいなことで落ち込んだり、不安になったり、イライラしたりすることもよくおこります。
また、大きな悩みを抱えて、ひとりで絶望的になることさえあります。

あなたを生きづらくさせているのは、何なのでしょうか。
どうすれば、イキイキと生きることができるのでしょうか。
あなたのからだやこころのもつ力を回復させるには、どんなことが必要なのでしょうか。

ページをひらくたび、あなたのなかから、気づきや答えがでてくることでしょう。

「ホリスティック」という言葉が、ひとつの大事な鍵になるかもしれません。

もくじ

はじめに……2

step 1 つながりっておもしろい！

あなたもすでにホリスティック？

自分とのつながり……8

人とのつながり……10

自然とのつながり……12

宇宙とのつながり……14

step 2 明日がかわるステキなことば

ホリスティックを考えるキーワード

つながり……18

バランス……20

かかわり……22

リズム……24

タイミング……26

step 1

つながりって おもしろい！

あなたもすでにホリスティック？

ホリスティック、聞きはじめ??

ホリスティックは「全体的」とか「総合的」と訳されます。
でも、それだけではなかなか言いつくせない大切な言葉……。

心臓も肝臓も脳も血管も皮膚も骨も、何もかもが、つながりあい、かかわりあい、バランスをとりながら、あなたのからだはつくり出されています。

喜びや悲しみ、怒りやせつなさ、苦しさや痛みといった豊かな感情が、つながりあい、かかわりあい、バランスをとりながら、あなたのこころはつくり出されています。

からだとこころが、あなたの深いところにある内なる自己と、つながりあい、かかわりあい、バランスをとりながら、「あなた」はつくり出されています。

部分・部分がつながりあい、かかわりあい、バランスをとりながら、あなたという人間の「全体性」はつくり出されています。
だから、あなたは「ホリスティック」なのです。

step 1

自分と未来は変えられる。他人と過去は変えられない。

エリック・バーン（交流分析「TA」提唱者）

ホリスティック ワールド

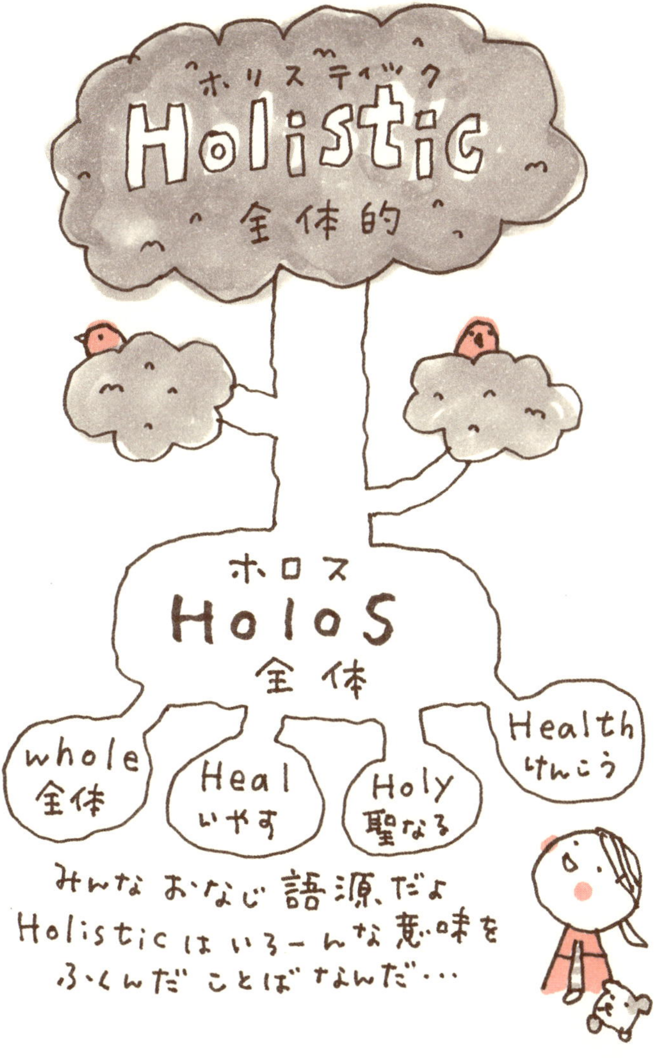

自分とのつながり

からだの声、聴こえてる？

眠らせて！　休ませて！　不調に気づいて！

そんな自分のからだの声に、耳を傾け、応答してますか？

こころの声、聴こえてる？

悲しい！　傷ついている！　孤独で寂しい！

そんな自分のこころの声に、耳を傾け、応答してますか？

内なる自己の声、聴こえてる？

あなたがこの世に存在する意味や、生きていく方向性を、「内なる自己」がそっと語りかけています。

その声に、耳を澄ませてますか？

自分を気づかうことだ。自分には自分しかいないのだから。

ホグルーチョ・マルクス（喜劇俳優）

からだの声も聴かず、こころの声も聴かず、「内なる自己」にも関心をもたないとき、自分がバラバラになって、ホリスティックでなくなるのです。

人とのつながり

あなたは、人とのつながりのなかで生きています。
お互いに影響しあいながら、元気になったり、ときには傷ついたりもします。
生まれてから今日まで、たくさんの人と出会い、かかわり、多くのものを広く深く学びながら、あなたは生きてきました。

ひとりぼっちで、キカイに囲まれた生活だけでは、人は育つことができません。

私たち、生きものとしての「ヒト」は、人間的なつながりやかかわりを通して、「人間」になっていくのです。

step 1

愛は言葉ではなく行動である。
愛の反対は無関心である。
マザー・テレサ

自然とのつながり

あなたは自然とのつながりのなかで生きています。

step 1

知ることは、感じることの半分も重要ではない。
レイチェル・カーソン
⇨『センス・オブ・ワンダー』レイチェル・カーソン，新潮社 より

水や空気や食べものがなければ生きられない私たちですが、それはすべて、自然のなかにあるものです。

人間は自然のなかで、守り育てられてきました。
そしてまた、自然をおそれ、慈しみ、大切にしてきました。
いのちの海、いのちの森、いのちの空。
人間の力ではつくり出すことのできない、かけがえのない大いなる自然の恵みのなかで、私たちのいのちは存在してきました。

けれども、急激な機械化や工業化は、この大切な自然を壊し続けています。
海を汚し、森を荒らし、オゾン層を破壊し……。
私たちは、自分が生きるための大切な環境を破壊し、さらに他の生物たちのいのちまで危機にさらしてしまいました。

自然はみずから回復していく力をもっています。
自然の回復力を越える破壊を、私たちは何とかしなければ！

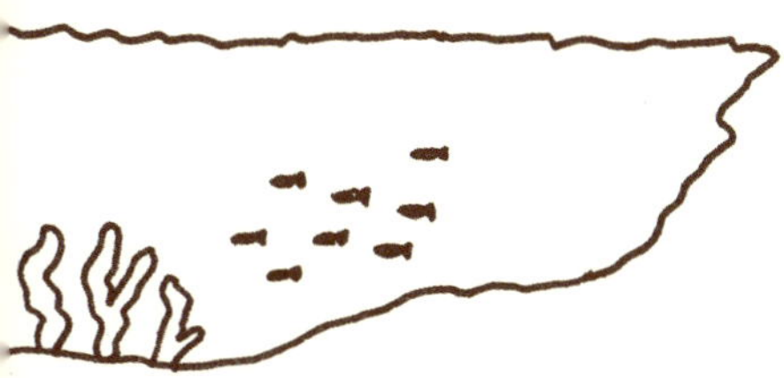

宇宙とのつながり

「すべてのものは元素からできています。そして、地球にある元素は、もともとビッグバンや恒星の内部など宇宙で生まれました。あなたの素《もと》となった材料は、はじめから宇宙が用意していたのです。※」

※日本科学未来館（東京都江東区）
館内掲示より

宇宙のなかにあなたがあり、あなたのなかに宇宙があるのです。

あなたという存在は、この宇宙のなかで輝く、唯一無二の生命体です。

あなたのなかにある宇宙、それは「内なる自己」とも呼ばれます。
生きとし生けるものすべてとのつながり、かかわり、バランスのなかで、あなたがいのちを輝かせるよう導く、その「内なる自己」を「聖なる（spiritual）魂」と呼ぶ人もいます。

心でしかものはよく見えないってことだよ。いちばんたいせつなものは、目に見えないんだ。

サン・テグジュペリ

⇨『星の王子さま』サン・テグジュペリ，岩波書店 より

step 2

明日がかわるステキなことば

ホリスティックを考えるキーワード

つながり

いろいろなものは、つながっています。私とあなた、からだとこころ、人と人、自然と人間、生と死……。

かかわり

人はいろいろなかかわりのなかにいます。かかわったり、かかわられたりして、互いに影響しあっています。

バランス

すべてのものは、バランスよく、つりあいをとりながらなりたっています。

つつみこみ

自分とちがう見方にこころを開き、異質なものでもやさしく迎え入れる—それは暖かいハグのイメージです。

大丈夫だよ　お母さん／お母さんって本当にいいことだらけなんです

宇津崎光代

⇨『大丈夫だよお母さん』宇津崎光代・友見，いろは出版 より

リズム

四季のリズム、日々の生活のリズム、心臓のリズム……いのちあるものには、いろいろなリズムがあります。

タイミング

すべてのものに時があります。花が咲くのに時があり、実って熟すのに時があります。そして、その時がくるのを待つことも大切です。

響きあい

よいことも、悪いことも、波及し響きあいます。でも、同じ音だけではハーモニーは生まれません。違う音を響かせあったとき、ハーモニーが生まれるのです。

変　容

表面だけの変化ではなく、内側に深まっていったときに訪れる変容。その力は自分だけにとどまらず、まわりにも変容をもたらします。

プロセス

成果だけに意味を求めるのではなく、いまここ、この時のプロセスに意味があるのです。

つながり

いろいろなものは、つながりあっています

あなたのからだとこころ

あなたの願いと行動

あなたをとりまく家族や職場や地域の人間関係

あなたとさまざまな社会問題や環境問題

あなたの過去・現在・未来

つながりが切り離されたら？

からだとこころがバラバラ

願いと行動がバラバラ

家族がバラバラ

地域がバラバラ

職場がバラバラ

過去・現在・未来がバラバラ

つながりがなくなり、バラバラになっていくと、いのちの全体性はそこなわれ、それぞれが「いまさえよければ」と自己中心的に、迷走しはじめます。

自分一人の力で立っているのではない。気がつかないうちに、多くの人が直接間接の協力者として、自分を支えてくれているのである。こんにち、この社会に生きているというのは、そういうことなのである。それに気がついて感謝の心をもつかどうかで、その人のねうちがきまる。　**松下幸之助**

⇨『松下幸之助一事一言』大久光，文藝春秋 より

でも、つながりを新しく修復し、つくり直していく力も、あなたのなかにあるのです。

バランス（つりあい）

すべてのものは、よいバランスの上になりたっています

健康なときがあり、一方で、けがや、病気をするときもあります。
落ち込んだり、悲しくなることがあるけれど、楽しかったり、大笑いすることもあります。
楽あれば苦あり、苦あれば楽あり。
そしてそのどちらにも意味があり、どちらにも学びがあります。
両方のバランスをとりながら生きています。

さらに、ふたつのものの間には、かぎりなく、その二面性が混在した状態があります。
白があり、黒があり、その間にさまざまなグレーがあるように。
夏があり、冬があり、その間に移り変わる季節があるように。
女があり、男があり、その間の性があるように。

弱い者ほど相手を許すことができない。許すということは、強さの証だ。
マハトマ・ガンジー

バランスがくずれると……

子どもたちの毎日が、暗記と詰め込みの勉強と塾ばかり。
幼い頃から、自然とふれることも、走り回って遊ぶこともなく、家族の一員としてお手伝いすることもなく、失敗も許されず、競争と比較のなかでストレス満杯。

おかあさんが、たったひとりで子どもとずっと向きあうという、非常事態。
子どもは多くの人のつながり、かかわりのなかで、バランスよく育っていくものだったはずなのに。

過労死寸前の労働者、働きたくても仕事のない失業者。
働けど働けどワーキングプア。その一方で、一瞬のパソコン操作で億万長者のトレーダー。

バランスはとても大事なもの

「ワーク・ライフ・バランス」は、性差にかかわりなく、仕事や家庭生活を、すべての人がよいバランスで生きられるように提唱するキーワードです。
男女共同参画施策のなかでいま、欠かせない視点となっています。

かかわり

かかわりは、自分から

見て見ぬふりをしないこと。
思わずからだが動いてしまうような、そんなかかわり。

親は子にかかわり、隣人どうしは地域でかかわり、職場のなかには助けあうチームワーク。
袖振りあうも多生の縁。
日本の暮らしのあちらこちらに存在していた、かかわりあい。

よその子でも叱る。
よそのおばあちゃんでも電車で席を譲る。
よその国の戦争でも案じて心配する。

かかわりかかわられて、支えて支えられて、おたがいさまでおかげさま。

私にできることって？

よいかかわりは、人を元気にします。
でも、人をおちこませるかかわりもあります。
かかわりのないところでは、人は孤独のゆえに死んでしまいます。

地雷で片足を失った子どもといじめを受けている子どもの痛みを自分の痛みとしてとらえるところから始めたい、そのような思いでこの本の制作がスタートしたのです。　**金田卓也**

⇨『ピースフルな子どもたち』ライブラリー④ より

かかわらないのはなぜ？

めんどくさいから？

生きていることは、「めんどくさいこと」の連続なのに。

かかわることを楽しみながら、自分にかかわり、人にかかわり、社会にかかわって生きていきたい。

リズム

いのちあるものは、リズムをもっています

蒔かれた種は

土のなかで根っこを伸ばし

それから芽がゆっくりと顔を出す

陽の光をあびてぐんぐん成長し

美しく花をさかせて

やがては静かに枯れていく

子どもの成長にも、もちろん、いろいろなリズムがあります。

すずと、小鳥と、それからわたし／みんなちがって、みんないい

金子みすゞ

⇨『金子みすゞ童謡集　わたしと小鳥と鈴と』金子みすゞ，JULA出版局 より

朝起きて

からだをたくさん動かして

ご飯を食べて、昼寝して

またしっかりと遊んで

ご飯を食べたら

絵本を読んでもらって

おやすみなさい

夜はしずかにふけていく

そのリズムを無視して、食事時間もバラバラ、昼夜逆転の不規則な生活。

こころもからだも、リズムがくずれてとってもたいへん。

自然はリズムをもっています。

人間もリズムをもっています。

タイミング

すべてのものに時があります

生まれるに時あり、実るに時あり。
起きるに時あり、眠るに時あり。

タイミングを人間の都合で操作することはいいことでしょうか？
時が満ちて、成熟していくものは美しく、時が満ちるのを待たずして、
人工的に成熟させられるものは痛々しい。

タイミングをはずして、後悔することもあります。
急ぎすぎ、先まわりして失敗することもあります。

かかわるタイミングがあります。
見守るタイミングがあります。

人生のなかでの大きなタイミングがあり、
毎日のなかでの、ささやかなタイミングがあります。

求めない――すると、今じゅうぶんに持っていると気づく／求めない――すると、時はゆっくり流れはじめる。

加島祥造

⇨『求めない』加島祥造，小学館 より

暮らしのなかに瞑想を

一日のはじまりや、会合のとき、夜眠るときに。
声に出しても、こころのなかでも。
あなたにあったやり方で。

「暖かい心」の瞑想

私が元気で、幸せで、平和でありますように。

この部屋にいるすべての人が、元気で、幸せで、平和でありますように。

この建物の中にいるすべての人が、元気で、幸せで、平和でありますように。

この近くに住むすべての生き物が、元気で、幸せで、平和でありますように。

この街に生きるすべての生命が、元気で、幸せで、平和でありますように。

この地方に生きるすべての生命が、元気で、幸せで、平和でありますように。

この国に生きるすべての生命が、元気で、幸せで、平和でありますように。

この星にあるすべての存在が、元気で、幸せで、平和でありますように。

この宇宙にあるすべての存在が、元気で、幸せで、平和でありますように。

⇨『ホリスティック教育入門』ライブラリー⑤ p. 85

step 3

子どももおとなも元気になあれ！

ホリスティックな教育って？

あなたが、元気で、幸せに生きるためのヒントは見つかりましたか？
このステップでは、おとなの私たちが、親として教師として一人の人間として、子どもたちのために何ができるのかを考えてみましょう。

見えている部分だけで判断するのではなく、見えないところ（内面やさまざまなつながり、全体性）を大切にするのがホリスティックな考えです。

子どもたちの教育（家庭教育・学校教育・地域教育など）をホリスティックにつくっていけたら、どんなにすばらしいでしょう。

子どもが幸せになると、おとなも幸せになり、未来も幸せになっていきます。
子どもの幸せが、未来の幸せをつくるのです。

すべてのおとなは、子どもたちに対して大きな役割をもっているのです。

想像力は、知識よりも大切なものです。

アインシュタイン

教育は呼び起こし

「教える：ティーチング（teaching）」というと、こちらから相手に何かを伝える、こちらのもっているものを与えるという意味になります。

「教育：エデュケーション（education）」の語源は、ラテン語のエデュケーレ（educare）という言葉です。この言葉は、「引き起こす、呼び起こす」という意味で、人間の内面にあるものを呼び起こすことなのです。

教育とは、やり方（How to）ではなく、あり方（Being）であるともいえます。

子どもがもっている力

すばらしい力

私たちは、子どもたちを外側の見える部分だけで判断していませんか？
おとなが教え込まないと何もできない存在だと思っていませんか？

子どもたちは、すでにすばらしい力をもっています。
子どもたちは、内なる力を秘めているのです。

NPO法人 子育てひろば全国連絡協議会　こんなとりくみもあるよ！　**就園前**

就園前の乳幼児期の子育てを、お母さんやお父さんだけで抱え込まないでくださいね。孤独な子育ては、親にとっても、子どもにとってもツライものです。各地で子育て支援のグループがあり、場をつくっています。相談窓口もあります。いろんな人に支えられて、つながり・かかわりのなかで子育てを楽しんでください。

⇨http://kosodatehiroba.com

子どもは毎日、外へ飛びだしてゆきます。そして最初に目にとまったものと、ひとつに「なる」のです。

ウォルト・ホイットマン

⇨『ホリスティックな教師たち』ジョン P. ミラー，学研 より

何かを自分で発見したとき、子どもたちの表情はぱっと明るくなります。
何かを一人で考えているとき、子どもたちの目は深く澄んでいます。
何かをやりとげたとき、子どもたちは堂々と自信にあふれています。

子どもたちがきらきら輝くときは、気づきや洞察が生まれ、本来もっている内なる力が現れているときです。
それは、新しい自分を発見し、可能性を信じているときなのです。

子どもたちの内なる力を引きだすためには、それらが育つにふさわしい環境をつくることが大切です。
その中心となるのが、子どもたちに寄りそう、おとなのかかわり方なのです。

三重県 まきば幼稚園　　こんなとりくみもあるよ！ **幼稚園**

私たちの幼稚園に小川が流れ、森ができてすっかり園庭の空気が変わってしまいました。まきばハウスは降園後や休みの日にも子どもとお母さんたちの憩いの場となり、ここで生まれる日常的なつながりが、いざという時にお互いに助け合える関係となっていきます。
園庭をつくるときに感じた人と人のつながりの喜びとともに、森はぐんぐん大きくなっていきます。

⇨『ホリスティックな気づきと学び』ライブラリー② 参照

どんなかかわり方してる？

あなた自身のあり方は？

教室や家庭で子どもがさわがしいとき、つい、乱暴な言葉使いや行動だけを注意してしまいませんか？

子どもに対して言葉がきつくなるときは、時間が迫っていたり、まわりから成果を求められたりするときではありませんか？

子どものこころに寄りそうことが大切とわかってはいても、忙しい毎日のなかではついつい外側に出てくる行動だけに目をうばわれてしまいます。
そのとき、あなた自身が気持ちのゆとりをなくし、本来の自分を見失っているのかもしれません。

和歌山県 H小学校　　こんなとりくみもあるよ！ **公立小学校**

海岸に続く山道には、たくさんのごみが捨てられていました。自分たちのふるさとの美しい海が好きな子どもたちは、ごみ拾いをはじめました。
釣り人が読む情報誌に手紙を送ったり、環境保全のためのポスターを書いたりしながら、ごみ拾いは地域住民も巻き込んだとりくみとなり、町の環境保全基金設立へと発展しました。

教育とは、その真の意味では、自分自身を理解することである。なぜなら、われわれ一人ひとりの中に存在の全部が集められているからである。　クリシュナムルティ

⇨『クリシュナムルティの教育原論』J.クリシュナムルティ，コスモス・ライブラリー より

忙しい日々を送っているときこそ立ち止まって、“いまここにいる自分”と、“いまここにいる子ども”と、“いまここで何ができるのか”を、じっくり考えてみませんか。

子どものそばにいる、あなた自身のあり方がとても大切なのです。

さまざまな方法や実践例は、ホリスティック教育ライブラリーに紹介されています。

- ライブラリー②『ホリスティックな気づきと学び』
- ライブラリー③『ホリスティック教育ガイドブック』
- ライブラリー④『ピースフルな子どもたち』

⇨　本書巻末 p. 54～ 参照

新潟県 M中学校　　こんなとりくみもあるよ！　**公立中学校**

1996年、M中学校に「学校の森」が生まれました。当時生徒が荒れ、学校と地域の関係性が悪化していました。そこで、生徒と教師と親が、地域や行政の支援を得て、校庭に地域の潜在自然植生の樹種を生かした森をつくりました。間もなく当時の卒業生が親になって学校へ戻ってきます。「いのち」の森は、学校と地域の「癒しの森」となって世代をつなぎます。

⇨『学校に森をつくろう！』ライブラリー⑦ 参照

いつも大切にしたいこと

つながりを大切に

大好きなおばあちゃんが編んでくれたセーター、バーゲンセールで手に入れたセーター、同じように扱うでしょうか？
きっとおばあちゃんのセーターを大切にするでしょう。それは、おばあちゃんの気持ちや思い出とつながっているからです。
教室でも同じことがいえます。教材をそのまま教えても子どものこころには響きません。でも、子どものために工夫した教材を子どもの生活につなぐことができたとき、子どもたちの目はきらきらと輝きはじめます。
人とのつながり、地域とのつながり、社会とのつながり、地球とのつながり、時間とのつながり、そして、自分の内面とのつながりを感じるとき、いのちは輝きます。
バラバラになってしまった状態から、つながりを回復できるようなとりくみが、いま必要なのです。

大阪府 M高等学校　　こんなとりくみもあるよ！　**公立高等学校**

信頼とつながりをキーワードに、地域との協働や体験学習・ピアエデュケーション（相互学習）を核にした学校作りに30年以上にわたりとりくんでいます。「怪しげな（笑）のも含めて学校の外の人とのつながりを学校に持ち込んだらええやん。いろんな人が集まったらなんかおもしろいことができる」。生徒たちの笑顔が長年のとりくみの確かさを教えてくれています。

⇨『持続可能な教育社会をつくる』ライブラリー⑥ 参照

種が木になることができるように、すべての人間も自分の本来持っている力を発揮することができる。

サティシュ・クマールの母

⇨『君あり、故に我あり』サティシュ・クマール，講談社学術文庫 より

変容を大切に

ホリスティックな教育では、どれだけたくさんの知識を覚えたかではなく、伝達や交流も含みながら、子どもが内側から変容していくことをサポートします。

種の堅い殻を破って芽が伸びていくように、子ども自身の思考や知恵は子どもの内側からあふれ出てくるのです。

●伝達（トランスミッション）

……一方的に知識を伝えていくこと

●交流（トランスアクション）

……教師やまわりの人と子どもが交流しあいながら学ぶこと

●変容（トランスフォーメーション）

……子どもと教師双方が学びあい、内側から変わっていくこと

奈良教育大学附属中学校　　こんなとりくみもあるよ！　**ユネスコ・スクール**

2007年よりユネスコが提唱するESDの考え方に立った学校づくりにとりくみはじめました。ESDとは、私たちが生きている場の歴史から深く学び（世界遺産教育）、その風土との多様ないのちのつながりを確かめ（佐保川プロジェクト・臨海実習）、自分の現在と未来をなかまとの協同によって創造していこうとする（平和の集い）行動指針といえます。加盟主体は学校ですが、推進母体は生徒会でもクラブ活動でも総合的な学習に組み込んでも可能です。

いつも大切にしたいこと

プロセスを大切に

テストの結果だけで人を判断することはできませんが、人は目に見える結果に影響されやすいものです。

いつも100点をとる子がとった70点と、いつもは50点しかとれていなかった子の70点はちがいます。
100点をとっていた子には何かあったのかと心配し、いつも50点だった子にはがんばりをともに喜びます。
また同じ答えでも、それをみちびきだす考え方に寄りそうことが大切です。

一人ひとりの子どものプロセスをていねいに見つめ、子どもたちがどの方向に進んでいるのかを感じていきたいものです。

NPO法人 京田辺シュタイナー学校　こんなとりくみもあるよ！　**シュタイナー学校**

ドイツの哲学者ルドルフ・シュタイナーの教育理念に基づく学校として、親と教師により2001年に開校。子どもたちの内への深まりと、調和を生み出していく外への広がりの両面を育み、自ら新しい社会を創っていく人を育てることを目指す。小学１年から高校３年まで約240人が、芸術や園芸・農業の実習などをとり入れた独自の内容で学んでいます。2010年、ユネスコ・スクールへ加盟。

⇨『いのちに根ざす 日本のシュタイナー教育』ライブラリー① 参照　⇨http://ktsg.jp/

step 3

世界がぜんたい幸福にならないうちは個人の幸福はあり得ない。

宮沢賢治

⇨「農民芸術概論綱要」宮沢賢治 より

かかわりを大切に

福祉や医療の場で「ケア」という言葉がよく使われるようになりました。「こころのケア」もよく聞きます。教育の場でも「ケア」という考え方が必要なのです。

「ケア」は、世話をするといった意味だけではありません。こころをむける、かかわる、寄りそう、いたわる、いつくしむ、などという意味があります。

教室のなかで、一人ひとりの子どもとしっかり目を合わせていますか？
たとえ２秒でも、その子のことだけを見つめる時間があれば、「朝ごはんを食べたのか」「友だちとケンカしたのか」など子どもの様子がわかります。
朝の出席をとるときこそ、一人ひとりの子どもと向きあうよい時間です。

ホールドチャイルドスクール　こんなとりくみもあるよ！ **海外公立小学校**

ホリスティックなカリキュラムを導入したカナダ・トロント市初の公立校です。自然や地域社会との触れ合い、科目間のつながり、心身のバランス、自他との健全なコミュニケーション能力などを重視し、アートと体験学習をとおして、責任感の強い、探究心と創造力に満ちた子どもの育成を目指した教育が行われています。

⇨http://www.wholechildschool.ca

step 4

広がれ つながれ いのちの力

もっと、ずっと、ホリスティック

毎日の生活のなかで、私たちは支えられているものに気づかないまま過ごしていませんか？

外でみんなとサッカーをしなくても、ゲーム機でサッカーをした気分を味わうことができます。
ジェット機、新幹線、高速道路のおかげで、行きたいところにすぐに行けるようになりました。
インターネットで世界中ともつながれるようになりました。
コンピューターに向かうと、たいていのものが注文できます。

でも、ワンクリックで荷物が届くまでには、商品をつくる人、運ぶ人、道を造る人……多くの人の力が集まっています。
私たちが便利な世界を味わえるのは、誰かが支えてくれているからなのです。

ホリスティックな視点に立つということは、むずかしいことでも、お金のいることでもありません。

花を咲かせたのは自分ではない。りんごが自ら力をふりしぼって花を咲かせたんだ。

木村秋則（青森リンゴ農家）

⇨「プロフェッショナル」2006年12月7日，NHKテレビ より

step 4では、私たちの暮らしのなかでこころがけることができる、ホリスティックな視点を探しましょう。

ものの見方をかえてみると……

「飛行機を使って、時間短縮」

「電車で景色を楽しみながらゆっくりと」

どちらかが良くて、どちらかが悪いのではありません。

その人の考え方や状況、あり方によって選ぶものは変わります。

経済的なものの見方をしてしまいがちな世の中。

機械化、スピード化がもてはやされる世の中。

もう一つの見方も大切にしませんか？

人間には時間を感じとるために心というものがある。そして、その心が時間を感じとらないようなときは、その時間はないもおなじだ。

ミヒャエル・エンデ

⇨『モモ』ミヒャエル・エンデ, 岩波書店 より

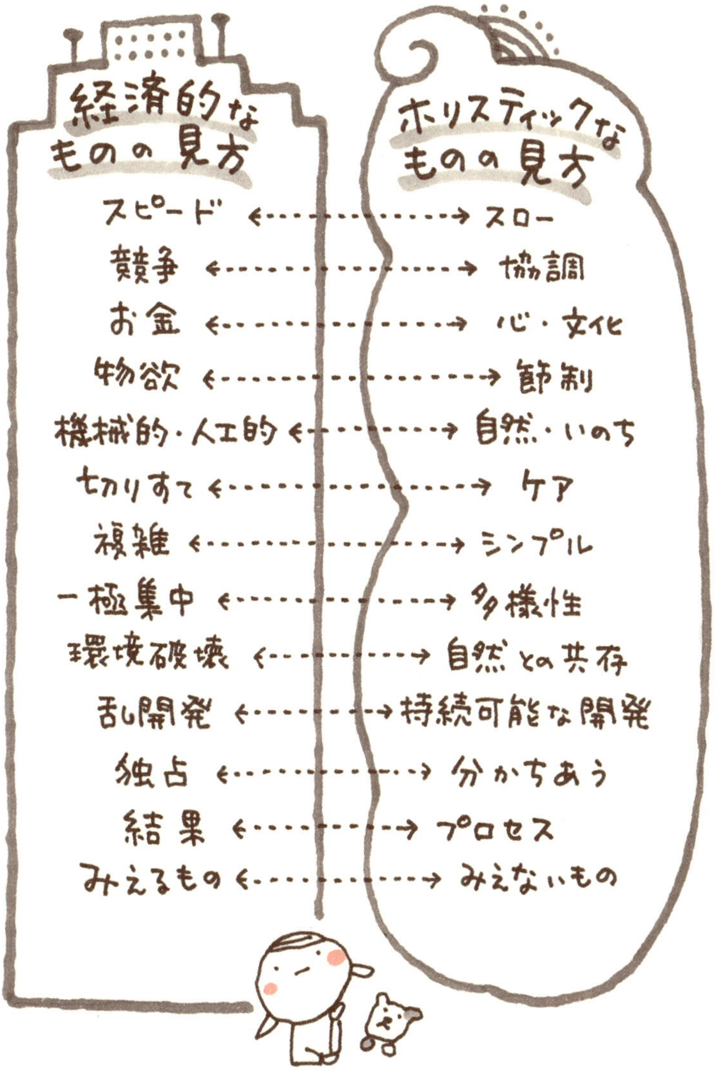

経済的なものの見方		ホリスティックなものの見方
スピード	←┈┈┈→	スロー
競争	←┈┈┈→	協調
お金	←┈┈┈→	心・文化
物欲	←┈┈┈→	節制
機械的・人工的	←┈┈┈→	自然・いのち
切りすて	←┈┈┈→	ケア
複雑	←┈┈┈→	シンプル
一極集中	←┈┈┈→	多様性
環境破壊	←┈┈┈→	自然との共存
乱開発	←┈┈┈→	持続可能な開発
独占	←┈┈┈→	分かちあう
結果	←┈┈┈→	プロセス
みえるもの	←┈┈┈→	みえないもの

暮らしの中のホリスティック

食

おいしいものがたくさんある国、日本。
豊かな作物、海の幸や山の幸に恵まれています。
日本食の良さは世界でも注目されています。

一方で、家族がそろわずバラバラに食べ、コンビニのおにぎりやファーストフードを食べる機会が多くなっている日本。
たくさんの石油や労力を使って遠い国から届けられているのに、毎日約５万トンもすてられている食材。
その一方でさまざまなダイエット食品が大流行。
安全性よりも利潤を追求するために偽られた食材。

私たちは、いま本当に豊かな食事をしているでしょうか？

自分が育てた野菜が食卓に並んだら、子どもたちはうれしそうにお話をするでしょう。そして、よく味わって、ていねいに食べるでしょう。

「いただきます」という言葉には、自然や育ててくれた方々への感謝の気持ちだけではなく、いのちをいただくということもふくまれています。
食べものにこころをこめて「いただきます」ということの豊かさを、感じてみませんか？

理解と愛とは、ひとつのものです。

ティック・ナット・ハン

⇨『微笑みを生きる』ティック・ナット・ハン, 春秋社 より

ケア

「ケア／ケアリング」というのは、こころを寄せ、こころを配ることです。
子育て、看護、介護、保育、教育、カウンセリングなどあらゆる場で必要なのです。

例えば、寝たきりのおばあちゃんにご飯を食べさせるとき、ただ機械的に食事を口元に運んでいるだけでしょうか。多くの方はそうではないはずです。おばあちゃんの様子をみて、できるだけおいしく食べられるようにスプーンを運び、まるで自分が食べているかのように口を動かすこともあるでしょう。おいしく食べてもらったとき、食べさせた人もうれしくなるのです。

相手に一方的に何かを与えるだけではなく、実はその相手からも喜びや生きがいを受け取っているのです。
たがいに相手を思い、こころ寄せあうことこそが「ケア」なのです。

そして、自分が自分のことを大切にすることもケアのひとつなのです。

⇨『ホリスティック・ケア』ライブラリー⑨ 参照

暮らしの中のホリスティック

持続可能なくらし

忘れてはならない大切なつながりに「時間とのつながり」があります。
いま、ここに生きている私たちですが、いまだけを生きているのではありません。
いままで生きてきた過去とのつながり、これから生きていく未来へのつながりも大切なのです。

私たちの暮らしを持続可能にするために、地球温暖化や世界同時不況などに対して、いまも様々なとりくみがなされています。ここでもホリスティックな考え方が必要です。

社会事情や経済と、地球環境・自然とのつりあいを考える。
グローバルな視野に立ちながらも、その土地の独自性（ローカル）を大切にする。
文化・伝統や先人の知恵をいまに生かす。

一人ひとりが暮らしのなかで、だれかがしてくれるのではなく、自分ができることをさがし、小さなことを積み重ねていくことが、持続可能な暮らしにつながります。

step 4

この土地は先祖から譲り受けたものではなく、子孫から借りているものだ。

ネイティブ・アメリカンの言葉

ESDってなあに？

耳慣れない「サステイナビリティ（持続可能性）」という言葉が、日常でも聞かれるようになりました。裏を返せば、私たちの社会が持続不可能になっているということではないでしょうか。

多くの親はわが子の幸せを願い、子どもを学校に送ります。でも、学校での教育が広まると、産業や経済が発展し、その結果、地球環境が壊され、子どもたちの幸せが奪われてしまうとしたら、なんて皮肉なことでしょう。教育熱心な国ほど地球全体を持続不可能にしてしまっているのかもしれません。

「この流れをくい止めるには教育のあり方を考え直すことが重要だ」と国際的に認めたのは、1992年にブラジルのリオで開催された地球サミットでした。その10年後の「持続可能な開発に関する世界首脳会議（ヨハネスブルグ・サミット）」では、日本の政府と市民が「持続可能な開発のための教育（**ESD**: **E**ducation for **S**ustainable **D**evelopment）の10年」を提案したのです。これをきっかけに2005年から、持続可能な未来をつくるための教育を推進する国際運動が、ユネスコを中心に世界各地で展開されています。

それまでも環境教育をはじめ、地球の持続可能性のための教育は行われてきましたが、これからは、環境だけでなく、社会や経済や文化も大事な領域としてホリスティックに捉えていく必要があります。問われているのは、“私たちは何を持続させるべきか”なのでしょう。この問いは、私たち人間の存在に関わるような深い問いかけでもあります。

⇨『持続可能な教育社会をつくる』『持続可能な教育と文化』ライブラリー⑥⑧参照

社会ではじまっている、さまざまな広がり

ホリスティックな

世界はますます小さくなり私たちは互いを必要としている。

ダライ・ラマ14世

Q & A

Q　ホリスティックに生きるのは、むずかしくないですか？

A　私たち人間は、もともとはホリスティックな存在ですから、それほどむずかしいことではありません。でも、社会の変化や人間の欲望によって、ホリスティックでない生き方になっていることもあります。
そうした毎日を一度に大きく変えようとするのではなく、少しずつ、できるところから、楽しみながら、変えていくことがポイントになります。

Q　ホリスティックな教育に具体的なモデルはありますか？

A　ホリスティックな教育とは、型にはまった、完結したものではないので、これがホリスティック教育だ！というモデルのようなものはありません。
一方で、各地の実践のなかには、ホリスティックという言葉は知らなくても、とてもホリスティックな教育をしているものもいろいろあります。たとえば、小さな子どもたちへの幼児教育では、環境教育や平和教育をベースにした総合的なとりくみを長年積み重ねているものがたくさん見られます。

Q　いまの学校制度のなかに、ホリスティックな考えをもちこむのは不可能ではないですか？

A　日本の学校制度といっても、公立と私立・地方と都会などさまざまです。すべてのものを一度に変えようとするよりも、現実的に、可能なところから、可能な方法で、とり入れていくことがよいように思います。

学校のなかでも、ホリスティックという言葉は使わなくても、さまざまにホリスティックな実践をしているところもあります。そういう学校などを見学したり、実践交流会に参加したりすることでヒントが得られると思います。

あなた自身のあり方や考え方の変化からはじめれば、どんな場所ででもとり入れることができます。

Q　ホリスティックな親や教師になるための養成コースがありますか？

A　日本では、そのようなまとまった養成コースはありませんが、各地でさまざまな視点からの学習会や研修会が行われています。

日本ホリスティック教育協会でも、ホリスティック教育研究大会（年１回）や東京ホリスティック教育研究会（隔月）や関西でのホリスティック教育フォーラム（随時）などが開催されていて、

学びと交流の場になっています。

協会のHPもご参照ください。

おわりに

最後まで読んでくださって、ありがとう！

“つながり”“かかわり”“バランス”“リズム”というキーワードは、あなたの暮らしを笑顔に変える言葉になりそうですか？

「これがホリスティック」という決まった形はありません。ホリスティックという形が決まってしまい、それだけが伝わると、また、一面だけで判断してしまいます。

「ホリスティックな教育」という決まった形もありません。いまここにいる自分と、いま目の前にいる子どもと、そして、いま生きているその場所で、子どもたちのこころに寄りそいながら、その人たちでしかできないかかわりをすることなのです。

私たちの暮らしに、正しい道もめざすべき到達点もありません。私たちにできることは、「ホリスティック」という言葉を人生のコンパスにして、ときに立ち止まり、道を確かめながら、歩き続けることではないでしょうか。

「ホリスティック」な状態でいるとき、あなたはもっともあなたらしく輝くということを、いつも忘れないでください。そして、「ホリスティック」というコンパスを手に、一緒に歩いていきましょう。

あなたと子どもたちを、こころから応援しています。

答えではなく、問いを生きる

「答え」ではなく、「問い」を生きる。
人生の問いに、割り切れる答えはない。
割り切れない「切なさ」が、むしろ「つながり」を生む。「切なさを介したつながり」。
私たちがつながれるのは、答えを共有しているからではなく、問いを共有しているからだ。

⇨『ホリスティック教育論』吉田敦彦，日本評論社 より

ホリスティック教育理念　要約

（1997, 協会設立にあたって）

1　ホリスティックな見方・考え方

ホリスティックな見方・考え方は、〈つながり〉、〈つりあい・バランス・調和〉、〈つつみこみ・統合〉を大切にします。ゆがみは、つながりを見失うこと、調和をくずすこと、固定的・絶対的なものを求めることから生まれてきます。

2　〈いのち〉への畏敬

私たちのなかにはたらいている〈いのち〉は、根元的にひとつの宇宙とつながっています。私たちは大いなるつながりのなかに存在するのであり、すべての人はかけがえのない存在です。

3　ちがいと出会い、ちがいを活かす

人間の多様性を受け入れ、尊重し合うことは、一人ひとりの存在を活かし、支えあう関係を可能にします。自立とは、孤立でもなく、依存でもなく、相互補完、相互信頼の状態をいいます。

4　ホリスティックな人間観

人間は、身体、感情、思考、精神性などを含んだ重層的な構造にあり、たえず成長し変わっていく有機的な存在です。

5　学ぶことは変わること

学ぶことは、自分が変わることであり、真実の自己を発見する喜びです。

6　ホリスティックなリーダー

リーダーみずからが学ぶ喜びを感じながら、ほんとうの学びを体験しているとき、学習者の学びも促進されます。

7　真の自由

真の自由とは、すべてのつながりのなかで、自分の行動、あり方、価値観などを自分の意志で選択し、決定し、みずから責任を負うことです。

8　社会適応から共同創造へ

教育の目的は、子どもを今ある社会に適応させるだけでなく、ともに協力してよりよい社会へと変革していく人間を育てることです。

9　地球市民としての自覚を育てる

地球市民は、自分や自国の利益だけでなく、地球の未来に対して責任を持ち、自分が果たすべき役割を自覚し、行動する必要があります。

10　母なる地球、そのすべての存在とつながりあう

地球上のあらゆる存在が支え合っていること、個人の幸せと地球全体の幸せが根底で一致すること、私たち一人ひとりがその責任を負っていることへの自覚を促します。

ホリスティックESD宣言

(2007, Tokyo-Hiroo)

Declaration on Nurturing Holistic Approaches Towards ESD

1 現代社会へ単に適応させるために教育するのではなく、何が子どもの全人的な発達のために適しているかを注意深く考えて、学びの環境をデザインしていくこと。そのこと自体が、ESDの目的を実現する。

2 マイノリティの文化やローカルな地域文化を保持し、文化的多様性を維持することが、ESDにとって力強い基盤となること。これは必ずしも、国民的なアイデンティティの土台を掘り崩すことにはならない。

3 伝承文化を、現代のグローバルな社会の現実を踏まえて創造的（交響的）に継承していくためには、その文化の最善のものと克服すべきものを見極めていく眼を持つことが大切である。

4 子どもたちに伝える前に、大人たちは、そのようなESD文化を、自ら体現して生きなくてはならない。そのような大人の存在の仕方そのものが、子どもの存在を育てる。

日本ホリスティック教育協会（JHES）／ユネスコ・アジア文化センター（ACCU）共催
ESD環太平洋国際会議（2007年7月31日－8月5日、聖心女子大学）参加者一同

⇨『持続可能な教育と文化』ライブラリー⑧ p. 220 英文原文掲載あり

ホリスティック教育ライブラリー１

いのちに根ざす

日本のシュタイナー教育

戦争・暴力・いじめを越えて

2001年刊行
日本ホリスティック教育協会
吉田敦彦・今井重孝 編
せせらぎ出版
A5判　250ページ
定価（本体2000円＋税）

総合の時代の
道しるべ

その授業づくりから
人間のとらえ方まで

序　気がつけば、ホリスティック ―違いが生みだすつながり― **吉田　敦彦**

Ⅰ　幼子を通して つながるいのち《保育園・幼稚園》

いのちのつながりの中で生きる喜びを子ども達に **嘉成　頼子**／伝え合い、喜び合う ―幼子らと心響かせて― **田口　まり**／仏教・漢方・シュタイナーに学ぶ東江幼稚園 **浅井あきよ**

Ⅱ　枠を超える 総合へのまなざし《小学校》

葛藤からの学び ―人権教育とホリスティック教育の接点― **松下　一世**／「学ぶ」ことは「喜び」である **刀根　良典**／イメージに注目して、表現運動の授業を変える **脇野　哲郎**／子どもと地域をつなぐ **川崎　正男**／教室でただ待ちながら… ―ホリスティックとの出会い― **西田千寿子**／ホリスティックに求めるもの、それは「つながり感覚」への気づき **平澤　健一**

Ⅲ　開かれた世界と 出会う学び《中学校》

「学校の森」づくり **佐川　通**／数えることから見えてくる世界といのちの想像力 **竹村　景生**／ひかりとかげとその狭間より **成田喜一郎**／私の中のホリスティック教育 ―覚え書き― **渡辺　昭**

Ⅳ　人生の問いに 向きあって《高校》

自己表現、自己のわかちあい、そこから見えてくるもの **竜門　佳弘**／思春期の危機 ―ひとつの言葉が人生を変える― **北西　敏男**／今、この瞬間を生きる ―筋ジストロフィーの子ども達から学んだこと― **加賀　京子**／ホリスティックな「気づき」とカウンセリング **鶴田　一郎**／私の教員生活とホリスティック教育との出会い **奥村知亜子**

Ⅴ　身体から知を 編みなおす《大学》

大学体育におけるホリスティックな授業づくりの探求 **廣兼　志保・高尾　明子**／看護教育とホリスティック ―まるごとの存在のうけとめ― **堀　喜久子**／新しい時代の大学教養体育への挑戦 **高橋　一榮**／〈いのち〉が響き合うホリスティックな成長の場 ―臨床看護実習― **守屋　治代**

Ⅵ　日々の暮らしの かかわりのなかで《家庭》

十四の瞳に囲まれて **平野　慶次**／ホリスティックな母の教え **長尾　操**／生き方としてのファシリテーター ―「ホリスティック」を母に学んで― **金　香百合**／太陽は星のお父さん、月は星のお母さん ―障害がある娘との十二年間― **唐木　邦子**

Ⅶ　学ぶことは 変わりつづけること《自分史》

病気といのちのつながり **長尾　文雄**／橋を架ける仕事 ―ごく私的な物語― **足立　正治**／学生時代にホリスティック教育と出会って **高橋　仁**／「心の教育」を超えるための視点に **吉田　武男**／「出会い」と出会いなおして **児玉真由美**

Ⅷ　いのちの声に 耳をすまして《もうひとつの学び場》

森に囲まれた小さな学校 ―野並子どもの村からの報告― **加藤くに子**／塾の窓から ―求め続けたもの― **河原　博**／ホリスティック・ヘルスのワークショップから **岩崎　正春**／意志の力と生きる力 ―ラミ中学校の終わりのない試行錯誤― **桐野　修次**／森の中の学びの場 ―リシヴァリー・スクール― **金田　卓也**

Ⅸ　つながりの生み出すつながり《社会教育》

心と心をつなぐ活動を実践する素敵な人たち **堀　昌子**／人と自然を愛して三〇年 **水野　隆夫**／樫の森からおしえてもらったこと **川瀬　弓子**／森と暮らしをつなぐ環境教育プログラム **山田　俊行**

Ⅹ　かたちに 表現するいのち《芸術表現》

ホリスティック・ミュージックをめざして **八木　倫明**／ティー・セラピーとしての茶道 **黒川　五郎**／生命が奏でる歌 ―詩二編― **緒方　順一**／インド舞踊の師に学んで **湖月　美和**

あとがき **吉田　敦彦・平野　慶次**

ホリスティック教育ライブラリー2

ホリスティックな気づきと学び

45人のつむぐ物語

2002年刊行
日本ホリスティック教育協会
吉田敦彦・平野慶次 編
せせらぎ出版
A5判　250ページ
定価（本体2000円＋税）

学校・家庭・フリースクール・教育NGO・地域づくり・カウンセリング・医療・福祉・芸術……

ひとつひとつの
小さな物語から

ホリスティックが
みえてくる。

ホリスティック教育ライブラリー3

ホリスティック教育ガイドブック

2003年刊行
日本ホリスティック教育協会
中川吉晴・金田卓也 編
せせらぎ出版
A5判　265ページ
定価（本体2095円＋税）

世界にひろがる
21世紀の教育
ヴィジョン

はじめに―編集者序 **中川・金田**／ホリスティックに生きる―『ホリスティック教育ガイドブック』発刊によせて **伊藤　隆二**

Ⅰ部　ホリスティック教育の展望

1　世界に広がるホリスティック教育

世界に広がるホリスティック教育 **吉田　敦彦**／西洋教育史におけるホリスティック教育の潮流 **今井　重孝**／国際社会における日本のホリスティック教育の発信 **黒田　正典**

2　私の考えるホリスティック教育

少しずつ、よりホリスティックな方へ **吉田　敦彦**／ホリスティックなものの見方とはどういうことか **西平　直**／わかちあいの教育 **岩間　浩**／システム論とホリスティック教育 **今井　重孝**／ホリスティック教育における人間観 **鶴田　一郎**／ホリスティックな心の教育**手塚　郁恵**／ジェンダー主流化とホリスティック教育 **金　香百合**／全人教育の提唱者・実践者 小原國芳先生 **黒田　正典**／「いのち」の「つながり」を活かす学校の経営 **山之内義一郎**／「いのち」の「つながり」を活かす「学校の森」づくり **佐川　通**／ホリスティック・カリキュラム論序説 **成田喜一郎**／ホリスティックな教育とインドの叡智 **金田　卓也**／東洋哲学的ホリスティック教育論の試み **中川　吉晴**

3　ホリスティック教育のパイオニアたち

ジョン・ミラー **中川　吉晴**／ルドルフ・シュタイナー **今井　重孝**／マリア・モンテッソーリ **江島　正子**／タゴール、オーロビンド **金田　卓也**／クリシュナムルティ **金田　卓也**／オルダス・ハクスレー **中川　吉晴**／ロベルト・アサジオリ**平松　園枝**

Ⅱ部　ホリスティック教育のつながり

1　自然とのつながり

環境教育 **高橋　仁**／自然体験学習 **小林　毅**／エコリテラシー **坂田加奈子**／ディープ・エコロジー **井上　有一**／先住民教育 **松木　正**

2　人とのつながり

グローバル教育 **浅野　誠**／ホリスティックな人権教育 **松下　一世**／対立解決法 **西山　徳子**／スクールソーシャルワーク **吉田　武男**／地域づくり **清水　義晴**

3　学びとのつながり

体験学習 **中村　和彦**／ワークショップ**中野　民夫**／一般意味論**足立　正治**／ストーリーテリング**長尾　操**／MI多重知能**坂田加奈子**／EQ感情的知能**坂田加奈子**

4　心身とのつながり

ボディ・アウェアネス**片桐ユズル**／東洋的身体観**岩崎　正春**／野口整体**本庄　剛**／イメージワーク**手塚　郁恵**／心理療法**矢幡　洋**／ハコミセラピー**手塚　郁恵**／ホリスティック医学**黒丸　尊治**

5　創造性とのつながり

芸術教育**金田　卓也**／芸道**上野　浩道**／茶道**黒川　五郎**／アートセラピー**斉藤　典子**／ドラマ教育 **浅野恵美子**

6　いのちとのつながり

ケアリング**中川　吉晴**／治療教育 **川手　鷹彦**／ホリスティックな看護 **守屋治代**／誕生の教育 **川野　裕子**／死の教育 **鈴木　康明**／内観法 **西山　知洋**

7　スピリチュアリティとのつながり

瞑想**中川・金田**／教師教育 **中川　吉晴**／人生科教育 **松田　高志**／サイコシンセシス **平松　園枝**／トランスパーソナル心理学 **安藤　治**

ホリスティック教育関連資料120点紹介

まえがき　金田　卓也
序　怒りを伝え、聴きとる対話の回路　吉田　敦彦

I部　内なる暴力を見つめる

内なる暴力を見ずして平和は語れない　今井　重孝
暴力からみた差別　森　実
　平和を創る子どもの力とフォスター・プランの取り組み　奈良崎文乃
いじめや暴力をなくすために私たちにできること　手塚　郁恵
　魂の教育　中川　吉晴
シャーンティとアヒンサー　金田　卓也・金田サラソティー
　〈静の祈り〉の舞踊　湖月　美和
ホリスティックな感情教育　中川　吉晴
　〈書評〉和田重正著『自覚と平和』　松田　高志
静かな力を見つめる　三国　千秋
　手段としての愛　古山　明男
ガンディーの非暴力に寄せて　平野　慶次
日々の暮らしと平和の礎　西平　直
芸術表現の根源　金田　卓也
つむぎあい…人生の交差点にて　近藤真紀子

キッズゲルニカ 平和をテーマにした総合的な学習
世界の平和を願う キッズゲルニカ

II部　平和の文化をきずく

○歳からの平和教育　金　香百合
自然の中での平和構築キャンプの夢　中野　民夫
平和を育む〈子ども時代〉　佐藤　雅史
　平和をのつくり手になろう　池尾　靖志
平和を描く―キッズゲルニカ　星野　圭子・伊藤恵里子・三浦由紀子
　キッズゲルニカ・檜原合宿　持留　ヨハナ・秋元　香里
静けさを奏でる　吉良　創
平和創造力とarts of peace　鎌田　東二
　コスタリカの平和文化教育　平野　慶次
自由ヴァルドルフ学校における平和・非暴力への教育　不二　陽子
　聖フランシスコの平和の祈り　鶴田　一郎
平和の原風景　竹村　景生
　一九九七年七月のカンボジアで　松浦　香恵
理解しきれないことの価値と多様性　山本登志哉
　心の平和と『エンデの遺言』　今井　啓子
平和の文化とコミュニケーション　淺川　和也
「平和」ということばのない民族に学ぶ　成田喜一郎
　「教え子を戦場におくるな」　山浦恵津子
平和の文化の創造を目指して　岩間　浩

地球平和公共ネットワーク結成趣意書

国連・ユネスコ関連文書にみる平和と非暴力への〈ホリスティック・アプローチ〉　吉田　敦彦
あとがき

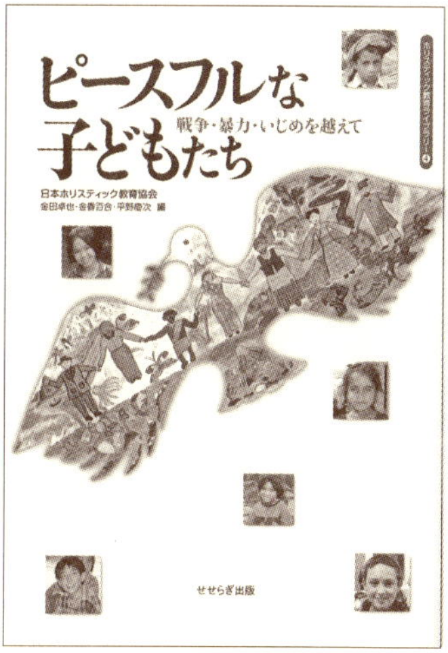

ホリスティック教育ライブラリー4

ピースフルな子どもたち

戦争・暴力・いじめを越えて

2004年刊行
日本ホリスティック教育協会
金田卓也・金香百合・平野慶次 編
せせらぎ出版
A5判　250ページ
定価（本体2000円＋税）

泣いている
たくさんの子ども
たちが

ホリスティック教育ライブラリー5

ホリスティック教育入門

〈復刻・増補版〉

2005年刊行
日本ホリスティック教育協会 編
せせらぎ出版
A5判　200ページ
定価（本体1714円＋税）

ホリスティック教育を学ぶはじめの一冊

時代をひらき、ともに歩む、地図と羅針盤。

序　持続可能な教育社会へのホリスティック・アプローチ　**吉田　敦彦**

［基調］「タイムリー・ウィズダム」を育む　―現代教育の最重要課題―
アーヴィン・ラズロ

Ⅰ　持続できない社会　いま、立ち止まって考える

持続可能な教育実践とは　―ホールスクール・アプローチを超えて―
永田　佳之

［ESD国際シンポジウムより］創造の御業は無限遠のかなたから
佐藤　雅史

ありのままでいいんだ！　―スローダウンへの鍵―　**天野　郷子**

時間を生きる形　―いのちをつなぐ、ゆとりの時間の比較社会学―
吉田　敦彦

ナマケモノが地球を救う
―「もうひとつの学び」のための時間をつくろう―　**高橋　仁**

［解説］ESD（持続可能な開発のための教育）とは？　**阿部　治**

自然と人と神々と　―バリ島の暮らしの知恵―　**星野　圭子**

Ⅱ　持続可能な学び　現場からの声を聴く

山のいのちと共生する―タイマグラばあちゃんの知恵―　**奥畑　充幸**

食・農のあり方から見えてくるもの　**守屋　治代**

「いのち」がはぐくまれる居場所
―公設民営型フリースペース「たまりば」からの示唆―　**西野　博之**

公立高校がはぐくむタイムリー・ウィズダム
―持続可能な松高の試みをつなぐために―　**易　寿也／檜本　直之**

ＮＧＯ活動とスピリチュアリティ　―学校のほうきの柄から―
奥村知亜子

ぼくはボランティア　―南の国の子どもたちと共に―　**小貫　大輔ほか**

もうひとつの世界は可能だ！　**平野　慶次**

Ⅲ　持続可能な教育社会　いのちを深めてつくる

［視点］ホリスティックな視点から見た内発的発展と教育　**今井　重孝**

持続可能な教育社会の方へ
―新自由主義の教育改革とどう向き合うか―　**菊地　栄治**

ホリスティック教育ライブラリー6

持続可能な
教育社会をつくる
環境・開発・スピリチュアリティ

2006年刊行
日本ホリスティック教育協会
吉田敦彦・永田佳之・菊地栄治 編
せせらぎ出版
A5判　210ページ
定価（本体1714円＋税）

アーヴィン・ラズロ
（世界賢人会議「ブダペストクラブ」会長／「地球交響曲第五番」出演者）
より本書への熱いメッセージ

人類に警鐘を鳴らす未来学者・アーヴィン・ラズロが、現代教育の課題と展望を初めて語る。
貴重な講演録を全収録。

ホリスティック教育ライブラリー7

学校に森をつくろう!
子どもと地域と地球をつなぐ ホリスティック教育

2007年刊行
日本ホリスティック教育協会
今井重孝・佐川通 編
せせらぎ出版
A5判　210ページ
定価（本体1714円＋税）

森はすべてを
つなげてくれる。

小さな森が生み出す、
驚きの教育効果。
日本発、元気がでる
学校起こし！

《口絵》学校の森のつくり方（NPO法人学校の森HPより）

はじめに　日本発のホリスティックな教育　今井　重孝

第1部　学校の森とは
第1章「つながり感」を育てる「学校の森」　山之内義一郎
第2章「学校の森」実践のホリスティックな意義　吉田　敦彦
第3章「いのち」を持ち成長する「学校の森」という思想　山之内義一郎
第4章　教育思想と「学校の森」　今井　重孝
　千葉胤成博士の「森のこころ」　黒田　正典
　語りえぬものの記憶　木村　理眞
　ある修験の体験から　中川　吉晴
　ホリスティック教育のモデルとしての森林学習　岩間　浩

第2部　それぞれの学校の森
第1章〔幼稚園の森づくり〕いのちのつながりに導かれて　嘉成　頼子
第2章〔小学校の森づくり〕森をつくり森と遊ぶ　山之内義一郎
第3章〔中学校の森づくり〕教材性の森　佐川　通
第4章〔高等学校の森づくり〕
　森づくりと地球にやさしいエンジニアの育成　飯尾　美行
　森の学校　金田　卓也
　ホリスティック医学と森林療法　降矢　英成
　韓国の「学校の森」　宋　珉英
　病院の森　川瀬　弓子

第3部　これからの学校の森
第1章「学校の森」国際フォーラムin長岡
　ジョン・ミラー／金　明子／楠原　彰
第2章　発展する「学校の森」　小田　孝治／山之内義一郎
第3章　未来を開く「学校の森」　今井　重孝

《資料》
「学校の森」国内マップ
「学校の森」20年のひろがり
NPO法人学校の森

おわりに　佐川　通

刊行によせて　ユネスコ・アジア文化センター理事長　**佐藤　國雄**

序　ESDを支えるもの　日本ホリスティック教育協会代表　**吉田　敦彦**

Ⅰ　環太平洋国際会議からのメッセージ

プロローグ　深まりのプロセス　**永田　佳之**

1　ESDへのホリスティック・アプローチ　**G・R・ボブ・ティーズデイル**

2　存在を深める学び　**コナイ・H・ターマン**

3　四つの知のバランス　**ハーバート・ベナリー**

4　リシヴァリー・スクールにおける持続可能な社会に向けての教育実践　**ヴィジェンドラ・C・ラモラ**

5　ヒューマニタリアン・スクールにおける伝統的なホリスティック教育　**ヴァシリー・V・セメンツォフ**

6　マオリ文化の叡智に学ぶ　**ヘザー・D・ペリ**

7　ブータンの国民総幸福（GNH）　経済成長と開発を問い直す　**カルマ・ジュルミ**

8　日本発のホリスティック教育「学校の森」　**今井　重孝**

9　山古志村と学校の森をたずねて　**野口扶弥子**

ESD山の登り方　**西田千寿子**

シュタイナー学校とユネスコとの出会い　**ジョン・F・ウィッソン**

曼荼羅のかなたへ　**永田　佳之**

Ⅱ　ESDへのホリスティック・アプローチ

1　環境教育の現状　理論と実践をつなぐ　**小澤紀美子**

2　ESDにとっての文化と地域　開発教育の視点から　**山西　優二**

3　環境倫理におけるホリスティックな視点とESD　**鬼頭　秀一**

4　ESDの共通基礎　「参加型」で行こう！　**中野　民夫**

5　「聴くこと」を通した学びとホリスティック教育　**横田　和子**

6　実効性あるESDを実現するために　**飯島　眞**

7　ユネスコ・ESDにとっての「文化」の意義　**河野　真徳／座波　圭美**

いのちとシステム　**柴尾　智子**

ESD-Jの目指すこと　**淺川　和也**

ESDとシュタイナー教育　**佐藤　雅史**

中学校のすべての教科で取り組んだESD　**竹村　景生**

ユネスコ協同学校の実践とESDへのホリスティック・アプローチ　**伊井直比呂**

結　ESDへの「子ども」と「文化」の視点

「ホリスティックESD宣言」解読　**吉田　敦彦**

《巻末資料》

ホリスティックESD宣言（2007, Tokyo-Hiroo）

「アーメダバード宣言」の誕生　「ホリスティック」な教育観への転換

アーメダバード宣言（2007, Ahmedabad）　行動への呼びかけ

あとがき　**永田　佳之**

ホリスティック教育ライブラリー8

持続可能な教育と文化

深化する環太平洋のESD

2008年刊行
日本ホリスティック教育協会
永田佳之・吉田敦彦 編
せせらぎ出版
A5判　230ページ
定価（本体1905円＋税）

グルーバル化により相互依存がますます強まる今日、「共生」に向けた教育界の試みとその可能性を伝える貴重な国際会議の報告です。

緒方貞子
JICA（国際協力機構）理事長／
元国連難民高等弁務官

ホリスティック教育ライブラリー9

ホリスティック・ケア

新たなつながりの中の
看護・福祉・教育

2009年刊行
日本ホリスティック教育協会
吉田敦彦・守屋治代・平野慶次 編
せせらぎ出版
A5判　210ページ
定価（本体1905円＋税）

「ケア」の現場でいま切望される個人化時代を超えるつながり

鷲田清一（哲学者）×伊勢真一（ドキュメンタリー監督）【対談】

〈できなさ・弱さがつなぐもの〉全収録

はじめに　守屋　治代・吉田　敦彦

Ⅰ部　他者とのつながり　―ケアリング関係―

看護のなかのケアリング　守屋　治代
弱さの交差点で　「それでもなお意味がある」　グェンティ ホンハウ
他者と出会うということ　前川　幸子
ホリスティックな緩和ケア　黒丸　尊治
　ケアの心に満ちたコミュニケーション　天野　郷子
　受験期における子どものケアと親の成長　神尾　学
　「ケア」のかたち　飯塚　純子
鷲田清一×伊勢真一【対談】できなさ・弱さがつなぐもの
　鷲田　清一・伊勢　真一
〈ドキュメンタリー監督の眼から〉やわらかな眼差し　伊勢　真一

Ⅱ部　社会とのつながり　―ケアの全体性―

ケアと持続可能な福祉社会　広井　良典
マタニティからのいのちを育むケア　植田　佳世
保育におけるホリスティックなつながり
　金田　卓也・野見山　直子・増井　景子
ケアする人に必要なケア　金　香百合
　いのちの誕生と助産ケア　佐野　裕子
　九人家族の歩みから　平野　慶次
世界の癒しに向けたケアリング　エドワード・カンダ

Ⅲ部　自己とのつながり　―ケアの聖性―

魂のケア　中川　吉晴
スピリチュアルケアと「我執性」　西平　直
慈しみとケア　ジョン・P・ミラー
　ケアリングとしてのタッチ　青木　芳恵
　シュタイナーの治療教育を学びながら　奥村知亜子
　いのちのはたらきのケア　手塚　郁恵

結　ホリスティック・ケアの未来へ

ケアの三つの位相とその補完関係　吉田　敦彦

おわりに

日本ホリスティック教育協会のご案内

●日本ホリスティック教育協会とは

ホリスティックな教育に関心をもつ人たちが学びあうネットワークとして、1997年6月1日に設立されました。学校教育関係者はもちろん、親や市民、カウンセラーや研究者など幅広い多様な足場をもつ人たちが、情報を提供しあい、相互に交流し、対話をすすめています。それを通じて、広くホリスティックな教育文化の創造に寄与したいと願っています。

●主な活動

1. 隔月ニュースレター、年刊単行本（ホリスティック教育ライブラリー）、研究紀要、その他の刊行物の発行と配付。インターネットの活用（ホームページ）。
2. ホリスティックな教育実践の促進と支援、及びその交流。
3. 講演会、ワークショップ等の開催。
4. 国内外の関連諸学会・協会等との連携および協力。
5. その他、本会の目的達成に必要な事業。

●入会案内（詳細は下記ホームページでご覧いただけます）

日本ホリスティック教育協会　事務局

〒603-8577　京都市北区等持院北町56-1　立命館大学文学部　中川吉晴研究室内

TEL/FAX：075-466-3231

E-mail：mail@holistic-edu.org

URL：http://www.holistic-edu.org/

おまけ　暮らしを楽しむ20のヒント

●子育て編

「何してるの！」といいたいとき

- □「なぁにしてるかな」と節をつけて歌ってみる
- □「あっちゃー」「わっちゃー」と気の抜けるあいの手を入れる

つい感情にまかせて子どもを怒ってしまいそうになるとき

- □ しゃがんで子どもの目をのぞきこむ
- □ トイレなど別空間に移動する

なんだか元気がでないとき

- □「元気をわけて」といって子どもにハグしてもらう
- □ 子どもをくすぐって笑わせ、一緒に笑う

●教室編

すがすがしい日々のために

- □ 一輪挿しに野の花を飾る
- □ 黒板をとてもきれいにする

教室がおちつかないとき

- □ 呼吸の数を数える（数えさせる）
- □ 瞑想の時間をとり入れる（例：p.27）

●セルフ・ケア編

リフレッシュしたいとき

- □ 丁寧にお茶をいれる
- □ ゆったりとお風呂に入る
- □ アロマやお香を楽しむ
- □ ゆったりと散歩をする
- □ 好きな音楽を聴く

なんだか気分が晴れないとき

- □ 空を見上げる
- □ 大きな声で歌う
- □ 好きなだけ泣く
- □ 家中の鍋を磨く
- □「明日がある」と声に出していってみる